**PAIDEIA
ÉDUCATION**

ALFRED DE MUSSET

Il faut qu'une porte soit ouverte ou fermée

Analyse littéraire

© Paideia éducation.

1 rue Honoré - 93500 Pantin.

ISBN 978-2-7593-1613-7

Dépôt légal : Janvier 2023

Impression Books on Demand GmbH

In de Tarpen 42

22848 Norderstedt, Allemagne

SOMMAIRE

- Biographie d'Alfred de Musset.................. 9

- Présentation de la pièce.................. 15

- Résumé de la pièce.................. 19

- Les raisons du succès.................. 25

- Les thèmes principaux.................. 31

- Étude du mouvement littéraire.................. 41

- Dans la même collection.................. 47

BIOGRAPHIE
D'ALFRED DE MUSSET

Alfred de Musset naît à Paris le 11 décembre 1810 dans une famille aristocratique. Il poursuit ses études au lycée Henri-IV, et se révèle particulièrement doué pour le dessin, la poésie et le théâtre. Après son baccalauréat, il tente de poursuivre des études de droit, puis de médecine. Cependant, Musset abandonne très rapidement la vie d'étudiant pour se consacrer à une vie de dandy.

En 1828, alors qu'il n'a que dix-sept ans, Musset fréquente deux fameux cercles littéraires parisiens : le Cénacle romantique de Victor Hugo, et les soirées de l'Arsenal de Charles Nodier. Il y rencontre de grands écrivains de son époque, tels que Mérimée, Sainte-Beuve, Vigny et Théophile Gautier. C'est à cette même époque, en 1820, qu'il publie les *Contes d'Espagne et d'Italie*. Ce recueil poétique mêlant différents genres littéraires comme la ballade et le poème narratif, contient le poème « Ballade à la lune », l'un des plus célèbres de Musset.

En 1830, il écrit la comédie en prose *La Nuit vénitienne*, créée sur la scène du Théâtre de l'Odéon le 1er décembre. Cette pièce qui s'éloigne des codes dramaturgiques de son époque, connaît un échec auprès de son public. Après seulement deux représentations, la pièce est retirée de l'affiche théâtrale. Cet événement joue un rôle décisif dans la carrière de l'écrivain, car suite à cela, il décide de ne plus écrire de pièces destinées à être jouées sur scène. Il fait alors le choix d'un théâtre à lire, en publiant ses écrits dans *La Revue des deux mondes*, à laquelle participent déjà des écrivains comme Mérimée, Vigny et George Sand. *La Nuit vénitienne* paraît dans cette revue en décembre 1830. Par ailleurs, en 1832, il publie le recueil *Un Spectacle dans un fauteuil* chez Renduel. Cette œuvre contient trois textes en vers : le drame *La Coupe et les lèvres*, la comédie *À quoi rêvent les jeunes filles* et le « conte oriental » *Namouna*. En 1833, paraissent dans *La Revue des deux mondes* deux pièces de théâtre : *Les Caprices de Marianne* et *André del Sarto*.

C'est grâce au rédacteur en chef de *La Revue des deux mondes*, François Buloz, que Musset fait la connaissance de George Sand, femme de lettres brillante, dont il tombe éperdument amoureux. Les deux écrivains vivent une liaison tumultueuse et passionnée. Ils partent ensemble pour Venise, mais ils tombent malades tous les deux. Musset découvre alors que George Sand entretient une liaison avec le médecin qui était venu le soigner. Les deux écrivains retournent à Paris en 1834, puis ils finissent par se séparer définitivement en 1835. Au contact de George Sand, Musset est inspiré et publie de nombreuses œuvres. En 1834, paraissent *Fantasio*, *On ne badine pas avec l'amour* et deux volumes du recueil *Un Spectacle dans un fauteuil*, dans *La Revue des deux mondes*. En 1836, l'écrivain publie *La Confession d'un enfant du siècle*, qui se présente sous la forme d'un roman autobiographique évoquant sa relation avec George Sand de façon transposée, ainsi que le « mal du siècle » qui touche plusieurs artistes de la même époque. Au cours de la même année, le proverbe *Il ne faut jurer de rien*, paraît dans *La Revue des deux mondes*. Puis, en 1837, la pièce *Un Caprice* est publiée dans la même revue.

À partir de 1840, l'activité littéraire de l'écrivain diminue car son état de santé s'affaiblit. Il se met alors à composer des contes, des proverbes et des nouvelles. C'est à cette même époque que les représentations théâtrales des pièces de Musset débutent véritablement. En 1843, la pièce *Un Caprice* est jouée en français au théâtre Michel à Saint-Pétersbourg. En 1845, paraît le proverbe en un acte *Il faut qu'une porte soit ouverte ou fermée*, dans *La Revue des deux mondes*. En 1847, la pièce *Un caprice* est représentée à la Comédie-française, dont Buloz a été nommé administrateur. Cette pièce connaît un véritable succès auprès du public. En 1848, les proverbes *Il faut qu'une porte soit ouverte ou fermée* et *Il ne faut jurer de rien* sont joués pour la première fois au théâtre de la République, ancienne Comédie-Française. Par la suite, la pièce *Les Caprices de Marianne* est jouée sur scène en 1851 au Théâtre-Français. Musset est élu à l'Académie Française en 1852, grâce au soutien de ses amis Mérimée, Vigny et Nisard. En 1857, il meurt à l'âge de quarante-six ans, suite à plusieurs syncopes, et il est enterré au cimetière du Père-Lachaise à Paris.

PRÉSENTATION DE LA PIÈCE

Le proverbe en un seul acte, intitulé *Il faut qu'une porte soit ouverte ou fermée*, est publié en 1845 dans *La Revue des deux mondes*. La pièce est représentée au Théâtre-Français trois années plus tard, le 7 avril 1848. Ce proverbe comique s'articule autour d'une intrigue dépouillée qui repose sur un dialogue entre un Comte et une Marquise. Cet échange verbal ne constitue pas une simple conversation mondaine, car un jeu de séduction houleux s'opère progressivement entre les deux personnages. Dès lors, la conversation se transforme en véritable joute amoureuse. Ensemble, les personnages explorent de nombreux sujets de conversation, tels que la guerre des sexes, le mariage ou la vie mondaine.

RÉSUMÉ DE LA PIÈCE

La pièce se déroule à Paris, dans le petit salon de la Marquise. Celle-ci fait de la tapisserie près de la cheminée. Le Comte arrive chez elle un mardi, jour où la Marquise reçoit des invités, comme le veut la tradition mondaine. La Marquise critique cette mode transmise de mère en fille car elle se sent constamment envahie par trop de monde. Elle annonce qu'elle a prévu de se rendre à un bal le soir même. Le Comte, quant à lui, évoque ses sentiments d'ennui et de solitude, renforcés par le froid hivernal. La Marquise, âgée de trente ans, partage également l'impression de solitude du Comte.

Le bruit de la sonnette se fait entendre, et le Comte annonce son départ, croyant que les invités de la Marquise arrivent. Il ouvre la porte et lui annonce qu'il se rendra jeudi à l'Opéra-comique, appelé les « Italiens ». La Marquise refuse sa proposition, sous prétexte qu'elle a prévu d'aller au théâtre en compagnie de M. Camus, qui lui a vendu des pommes et du foin. Alors qu'aucun invité ne se présente, la Marquise demande au Comte de refermer la porte, et la conversation suit son cours. Le Comte prétend que des rumeurs circulent au sujet de la relation de la Marquise avec M. Camus : celle-ci penserait à se remarier avec lui car il est millionnaire et on l'aperçoit souvent chez elle. Celle-ci annonce au Comte que des rumeurs circulent également à son propos, mais elle refuse de lui en parler davantage. Le Comte complimente la Marquise, mais cette dernière repousse ses avances. La conversation porte alors sur le thème de la séduction. La Marquise critique la façon dont les hommes ont l'habitude de faire la cour aux femmes.

Le bruit de la sonnette retentit pour la deuxième fois. À nouveau, le Comte annonce son départ et ouvre la porte, mais il est interrompu par la Marquise qui lui demande s'il a l'occasion de passer près de chez Fossin, grand bijoutier parisien, lors de ses prochains déplacements. Il se trouve en effet que la Marquise a cassé le chaton de sa bague, et qu'elle aimerait le faire réparer. Le Comte remarque que des cheveux se trouvent à l'intérieur du bijou. L'hôtesse lui rétorque qu'il s'agit des cheveux de son mari défunt. Comme aucun convive ne se présente, la Marquise demande au Comte de refermer la porte. Il s'exécute et revient s'asseoir à ses côtés. La conversation continue. La Marquise révèle enfin la rumeur qui circule au sujet du Comte : celui-ci aurait une liaison avec une danseuse de l'Opéra. De son côté, l'homme nie les faits. Il annonce à nouveau son départ, et sous-entend qu'il éprouve des sentiments pour la Marquise.

Un troisième bruit de sonnette retentit. Le Comte annonce son départ, et ouvre la porte. Comme il pleut et grêle dehors, la Marquise lui demande de refermer la porte, et il retourne s'asseoir auprès d'elle.

Le Comte voudrait lui parler d'amour, mais elle critique à nouveau la manière dont les hommes font la cour aux femmes, car elle trouve que cela manque de finesse et de singularité. Elle s'appuie alors sur l'exemple d'un homme ayant acheté un lot de lettres adaptées à toutes les situations pour séduire les femmes. La Marquise demande ensuite au Comte de remettre une bûche dans le feu. Celui-ci s'exécute. Selon lui, la Marquise est blasée de l'amour. Il considère quant à lui que même si les déclarations d'amour sont toujours les mêmes, l'amour reste constamment « jeune ». La Marquise lui demande de lui faire passer son éventail, puis un coussin. Celui-ci pose le coussin par terre et se place à genoux dessus, face à elle. Il lui fait une déclaration d'amour : il lui dit alors qu'il n'avait aucune intention de lui déclarer sa flamme en lui rendant visite, mais qu'il l'aime depuis le premier jour.

La Marquise se lève et sort de la pièce, en laissant la porte ouverte. Elle lui demande de partir, tout en lui proposant de lui réserver une valse au bal du soir. Le Comte se sent désespéré et il essaye de sortir de la pièce. Elle lui dit qu'elle ne souhaite pas être sa maîtresse. Le Comte lui fait alors une demande en mariage. La Marquise énonce les deux proverbes suivants pour clore la conversation : « Il n'y a rien de tel que de s'entendre » et « Il faut qu'une porte soit ouverte ou fermée ». Elle lui demande de l'accompagner pour dîner chez sa mère le soir même, et de se rendre pour elle chez Fossin, car le chaton peut servir de cachet. Implicitement, elle accepte donc sa demande en mariage. Pour finir, elle lui demande de fermer la porte.

LES RAISONS
DU SUCCÈS

Depuis l'échec de la représentation de *La Nuit Vénitienne* en 1830, les pièces de Musset ne sont plus jouées. Pourtant, le théâtre de Musset est connu par ses contemporains grâce aux nombreuses publications de ses pièces dans *La Revue des deux mondes* depuis les années 1830. Musset fait également paraître des volumes regroupant plusieurs pièces, intitulés *Un spectacle dans un fauteuil*. Le titre de ces recueils théâtraux est très évocateur, puisqu'il oriente les pièces écrites par Musset comme un théâtre à lire, éloigné de la représentation scénique. C'est seulement à partir de 1843 que la carrière théâtrale de l'écrivain connaît des bouleversements. En effet, la création de la pièce *Un Caprice* fait rebondir la carrière de Musset grâce à son succès sur scène.

Le proverbe *Il faut qu'une porte soit ouverte ou fermée* est d'abord publié en 1845 dans *La Revue des deux mondes*. Il est ensuite créé au Théâtre de la République le 7 avril 1848 en pleine Révolution, pendant la chute de la monarchie de Juillet. La première représentation de la pièce n'est pas une franche réussite, car la salle est quasiment déserte. Elle est jouée entre *L'École des maris* de Molière, et *Les Plaideurs* de Racine. La pièce de Musset est alors critiquée par le journaliste du *Constitutionnel* car elle est en décalage avec son époque : « À la place de la Marseillaise, du vieil Horace et de ce monde républicain, un marquis marivaude dans le boudoir d'une comtesse ! » Au contraire, Théophile Gautier valorise la pièce de Musset par une critique élogieuse : « Ce ton si vrai et si fin, cette allure à la fois délicate et dégagée, ce mélange de cœur et d'esprit, cet inattendu qui ne tombe jamais dans le baroque, cette originalité si aisée et si franche, tout cela ne peut se transporter dans un sec compte rendu. Autant vaudrait-il racler la poussière des ailes d'un papillon, pour en montrer les couleurs. » Malgré cette première représentation qui ne fait pas l'unanimité, la pièce reçoit ensuite l'approbation du public : elle sera alors jouée cinquante-deux fois au cours de sa première année de création.

Musset est aujourd'hui considéré comme un auteur romantique, alors que celui-ci refusait d'appartenir à cette école. Parmi les romantiques, Musset est l'auteur dont les pièces sont les moins jouées de son vivant. Paradoxalement, de nos jours, Musset fait partie des auteurs dont les pièces sont les plus représentées sur scène. Et pour cause, son théâtre, qui semblait parfois en décalage par rapport à ses contemporains romantiques, peut aujourd'hui sembler extrêmement moderne. L'écriture de Musset est certes influencée par le romantisme, mais l'écrivain garde toujours une certaine distance par rapport à ce mouvement.

À partir de 1828, Musset fréquente le Cénacle de Victor Hugo. Le terme de « Cénacle » a été employé par Sainte-Beuve pour désigner le groupe d'écrivains et d'artistes rassemblés autour de Victor Hugo pour créer l'école romantique de 1827 à 1830. Les réunions se tiennent chez lui ainsi que dans le salon de la bibliothèque de l'Arsenal autour de Charles Nodier. Pendant deux ans, Musset se rend au Cénacle, mais il garde une certaine distance par rapport à Victor Hugo et à l'école romantique. À ces cercles, participe notamment l'écrivain et critique d'art Théophile Gautier, l'un des chefs de file du romantisme. D'autres écrivains romantiques sont contemporains de Musset, comme Chateaubriand et Nerval. Mais ce mouvement s'exprime aussi à travers la peinture. Ainsi, Eugène Delacroix est un peintre romantique qui représente des sujets politiques contemporains engagés, comme dans son tableau *La Liberté guidant le peuple* (1830).

Musset se place en marge de ce mouvement, notamment parce qu'il n'apprécie guère la poésie engagée. L'écrivain recherche plutôt une poésie du cœur, et c'est ce qu'il écrit dans une lettre adressée son frère datée du 4 août 1831 : « Quand j'éprouve, en faisant un vers, un certain battement de cœur que je connais, je suis sûr que mon vers est de la meilleure qualité que je puisse pondre. » Le chercheur Michel Brix met en évidence les nuances entre l'écriture poétique de Musset et celle de Victor Hugo dans son article intitulé « Romantisme et fantaisie » : « Chez Musset, les peintures de l'amour rompent elles aussi avec ce que l'on pouvait lire chez Hugo. Celui-ci ne s'intéresse qu'aux amours glorieuses, pétrarquistes, qui ne déclinent jamais et transfigurent l'existence. Rien de semblable dans les vers de Musset, où la représentation de l'amour doit beaucoup moins à l'idéalisation : l'auteur des *Contes d'Espagne et d'Italie* ne craint pas d'évoquer la jalousie, les intermittences du cœur, les trahisons féminines, les ruptures, les absences, les amertumes, les lassitudes, qui interdisent bien souvent aux amoureux de ressentir la "plénitude" hugolienne. »

L'écriture de Musset se place sous le signe de la fantaisie et de la liberté. Son esthétique est inclassable puisqu'elle trouve à la fois son inspiration dans les œuvres romantiques et dans les romans libertins du XVIIIe siècle. C'est ce qu'évoque la chercheuse Chloé Chamouton dans son article intitulé « Musset ou les ascendances libertines » : « Musset se trouve ainsi écartelé entre une aspiration romantique avec des modèles comme Byron, Schiller ou Hoffmann et la nostalgie d'une tradition française. » Le proverbe *Il faut qu'une porte soit ouverte ou fermée* s'inspire aussi du théâtre anglais de Shakespeare, qui influence également d'autres écrivains romantiques. Dans le proverbe de Musset, cette influence apparaît notamment dans la structure de la pièce : les scènes du proverbe sont juxtaposées sans transition, tandis que la temporalité de la pièce est rythmée par les ouvertures et par les fermetures de la porte.

Le genre de la pièce *Il faut qu'une porte soit ouverte ou fermée* constitue par ailleurs une forme particulière au XIXe siècle. Musset remet en effet au goût du jour le genre des proverbes, consistant à composer une pièce de théâtre en choisissant une maxime comme point de départ. Ce genre était en vogue dans les salons mondains parisiens et à la Cour au XVIIe siècle, lorsque les Précieuses jouaient à des jeux littéraires. Ces proverbes étaient alors improvisés et avaient pour objectif d'illustrer un proverbe que l'auditoire devait deviner. Le genre du proverbe constitue donc un théâtre de société. Le proverbe théâtral offre une certaine liberté permettant à Musset de renouveler la comédie de mœurs et de mêler différents registres dans ses pièces. Par exemple, son proverbe *On ne badine pas avec l'amour* oscille entre la comédie et la tragédie.

LES THÈMES
PRINCIPAUX

La séduction et les rapports entre hommes et femmes

L'un des principaux sujets de conversation entre la Marquise et le Comte porte sur la séduction et sur les rapports entre hommes et femmes. Ce sujet de discussion est au centre du débat et de la joute verbale qui se met en place entre les deux personnages.

Tandis que la Marquise trouve que les hommes font la cour aux femmes de manière rébarbative, le Comte pense que l'amour est toujours « jeune », malgré des déclarations d'amour qui pourraient paraître « vieilles ». Ainsi, le langage semble trop vieux et figé pour pouvoir signifier un amour vivant. Pour défendre son opinion, le Marquis prend l'exemple de la représentation de la déesse Vénus, présente sur la pendule de la Comtesse : « c'est aussi toujours la même chose ; en est-elle moins belle, s'il vous plaît ? » À travers l'allégorie de la déesse de l'Amour, le Comte montre que l'amour ne se ternit pas, malgré le caractère répétitif des déclarations amoureuses. Il compare également l'amour à une « comédie, vieille comme le monde », mais il considère aussi que « si la pièce ne valait rien, tout l'univers ne la saurait pas par cœur ». Ainsi, par des moyens rhétoriques efficaces, le Comte démontre que l'amour n'est pas entaché par la répétition des mêmes rôles.

Au contraire, la Marquise considère que les déclarations d'amour des hommes sont à la fois ennuyeuses et trompeuses. Elle prend pour exemple un « homme d'esprit qui avait acheté […] une collection de cinquante lettres, assez bien faites, très proprement écrites, des lettres d'amour, bien entendu. » Ces lettres étaient destinées à séduire les femmes, car elles pouvaient s'adapter à n'importe quelle situation de la vie : « Il y en avait pour les déclarations, pour les dépits, pour les espérances, pour les moments d'hypocrisie où l'on se rabat sur l'amitié, pour les brouilles, pour les désespoirs, pour les instants de jalousie, pour la mauvaise humeur, même pour les jours de pluie comme aujourd'hui. » À travers cette accumulation de situations possibles dans le quotidien de la vie de couple, la Marquise révèle son indignation envers l'hypocrisie masculine. Celle-ci fait également preuve d'ironie envers le comportement séducteur du Comte en terminant son énumération sur la situation présente. Ainsi, c'est avec cynisme que la Marquise dénonce le comportement des hommes pour séduire les femmes. Celle-ci développe son argumentation en mettant en évidence le caractère machinal et mécanique du mode de séduction des hommes. Elle compare alors la gent masculine à des « capucins de cartes », soulignant ainsi la monotonie et la banalité des codes de séduction, comme si chacun des hommes était l'exacte réplique des autres. Celle-ci souligne aussi le fait que ce type de comportement est dégradant pour les femmes : « Il faut supposer à une femme une tête bien vide et un grand fonds de sottise, pour se figurer qu'on la charme avec de pareils ingrédients. » C'est à nouveau en faisant preuve d'une ironie cinglante que la Marquise dénonce le manque d'originalité des hommes.

Cependant, la pièce se clôt sur l'acceptation de la demande en mariage du Comte par la Marquise. Ainsi, malgré des débats houleux, dont le ton reste néanmoins léger, cette comédie de mœurs suggère le caractère vivant de l'amour qui va au-delà des frontières figées du langage et du caractère mécanique des comportements masculins.

La mondanité et ses codes

La pièce se déroule dans un milieu mondain. Les personnages sont désignés par leur statut social : « la Marquise » et « le Comte » (à savoir qu'au dix-neuvième siècle, le rang de Marquis était plus prestigieux que celui de Comte). Or, le cercle mondain comporte des codes de conduite à respecter qui sont évoqués tout au long de la pièce.

Les premières répliques des personnages font immédiatement référence au cadre mondain. En effet, le Comte évoque la tradition des réunions mondaines dès son arrivée chez la Marquise : « Il m'est impossible de prendre sur moi de me rappeler votre jour ». Cette réplique fait référence au jour de la semaine où la Marquise a l'habitude de recevoir des convives, comme le veut la coutume. La Marquise évoque cette tradition de la réception, qui se transmet de génération en génération du côté des femmes : « C'est une mode qui a pourtant sa raison. Nos mères laissaient leur porte ouverte ». Le motif de la porte apparaît dans cette réplique pour la première fois de la pièce. Dans cet exemple, la porte peut représenter la notion d'accueil et d'ouverture, très importante pour la lignée des femmes dans la tradition mondaine. Au contraire, la Marquise fait part de son mépris pour cette tradition, car elle a l'impression que « Maintenant, dès qu'on reçoit, on reçoit tout Paris ; et tout Paris, au temps où nous sommes, c'est bien réellement Paris tout entier, ville et faubourgs ». La métonymie « tout Paris », associée à de multiples hyperboles, permet d'insister sur le sentiment d'envahissement non désiré qui semble gagner la Marquise à l'idée de recevoir du monde chez elle. Quant à l'utilisation du pronom personnel « on », il souligne le caractère impersonnel de ces réceptions, tout en suggérant leur généralisation à travers toute la société aristocratique.

À l'inverse de la Marquise, le Comte est marqué par un sentiment de solitude plutôt que d'envahissement. Celui-ci refuse d'abord de faire cet aveu à son interlocutrice : « Pour ma gloire, je ne veux pas le dire ». Cette réplique met en avant une attitude de retenue propre à l'aristocratie, car celle-ci est associée à une image sociale à préserver : c'est la réputation du Comte qui est en jeu. Il finit malgré tout par lui avouer ce qu'il a sur le cœur : « Je ne sais ce que j'ai ; c'est un mal à la mode, comme vos réceptions… Je me désole depuis midi ; j'ai fait quatre visites sans trouver personne. Je devais dîner quelque part ; je me suis excusé sans raison. Il n'y a pas un spectacle ce soir. Je suis sorti par un temps glacé ; je n'ai vu que des nez rouges et des joues violettes. » Ce n'est pas sans humour que le Comte partage sa déception et son impression de solitude avec la Marquise, sentiments qui seraient directement reliés à la saison de l'hiver. Le froid est en effet évoqué tout au long de la pièce, notamment à travers les multiples ouvertures et fermetures de la porte du salon.

Par ailleurs, dans le milieu aristocratique circulent des rumeurs à propos des personnes appartenant à ce cercle restreint. Ainsi, le Comte annonce à la Marquise ce que les rumeurs disent à son propos : « On dit que vous pensez à vous remarier, que M. Camus est millionnaire, et qu'il vient chez vous bien souvent. » Juste avant l'évocation de cette rumeur, celle-ci avait refusé qu'il la rejoigne aux « Italiens » le jeudi suivant. Elle lui avait alors répliqué « Je ne veux pas de vous ; vous êtes trop maussade. D'ailleurs, j'y mène M. Camus. » Ainsi, l'évocation de la rumeur peut apparaître comme une forme de riposte du Comte, quelque peu jaloux de ce rival. Dès lors, derrière le cadre mondain se dessine en filigrane un jeu de séduction virulent entre les deux personnages. Par la suite, la joute verbale continue à s'articuler autour du thème de la rumeur mondaine : de son côté, la Marquise refuse dans un premier temps d'avouer au Comte ce que la rumeur dit de lui. Celle-ci finit par lui dévoiler à demi-mot l'objet de cette rumeur lorsque le Comte lui annonce qu'il pense retourner vivre en Italie : « Il est fâcheux qu'on vous ait vu très distinctement au spectacle avec un certain chapeau rose à fleurs, comme il n'en fleurit qu'à l'Opéra. » La métonymie du « chapeau rose à fleurs », ainsi que la métaphore florale désignant une danseuse de l'Opéra, permettent de mettre en évidence le caractère anonyme de la demoiselle, de même que sa jeunesse. Il peut également s'agir d'un moyen habile de provoquer le Comte, car cette rumeur pourrait piquer la jalousie de la Marquise.

Dès lors, dans la pièce, les rumeurs qui se diffusent à travers le cercle aristocratique deviennent un objet de plaisanterie, mais aussi une manière habile de séduire l'autre, au travers d'une conversation qui semble au premier abord tout à fait banale.

Le motif de la porte

En filigrane d'une conversation banale, se dessine une déclaration d'amour de la part du Comte, qui malgré les apparences, ne semble pas laisser la Marquise indifférente. Pourtant, la pièce commence sur l'absence de sujet de conversation : « – Est-ce que vous avez quelque chose à me dire ? – Non. » Ainsi, le Comte vient rendre visite à la Marquise sans objet, et le discours semble plat. La pièce est d'ailleurs marquée par l'attente des convives, qui devraient arriver incessamment, comme il s'agit du jour de réception de la Marquise. Ainsi, le motif de la porte qui s'ouvre et se referme prend toute son importance au fil du proverbe. Ce motif fait bien évidemment référence au titre de la pièce, mettant d'autant plus en évidence sa portée symbolique et métaphorique.

À trois reprises, la sonnette se fait entendre, mais personne ne se présente chez la Marquise. Ce sont les didascalies qui nous l'indiquent « On entend le bruit d'une sonnette au dehors ». À chaque fois, la réaction du Comte est la même : celui-ci annonce son départ, ouvre la porte, regarde par la fenêtre et voit une « blanchisseuse ». Puis, il finit par refermer la porte à la demande de son hôtesse, et par venir se rasseoir près d'elle, car la conversation suit son cours. Cet effet d'attente produit donc un comique de répétition. Quant au motif de la porte qui s'ouvre puis se referme, il peut symboliser les obstacles intérieurs à lever pour que la relation d'intimité puisse s'établir entre les deux personnages.

À chaque fois que la sonnette se fait entendre, c'est la Marquise qui trouve un prétexte permettant de retenir le Comte à ses côtés. Elle mène donc adroitement et subtilement le jeu de rapprochement, malgré ses apparences froides et distantes. La première fois, elle tient à savoir quelle est la rumeur qui circule à son propos. La deuxième fois, elle lui demande s'il peut se rendre chez Fossin, le bijoutier, pour faire réparer sa bague. Enfin, la troisième fois, elle lui demande de rester car il fait trop mauvais temps dehors. À la fin de la pièce, la déclaration d'amour du Comte a lieu près de la porte entrouverte, autour de laquelle les deux personnages effectuent des déplacements symbolisant leurs différents mouvements d'éloignement et de rapprochement. C'est finalement la demande en mariage du Comte qui permet aux deux personnages de se réunir à nouveau.

Comme le veut la tradition du proverbe, la pièce se clôt

sur deux proverbes énoncés par la Marquise. Celle-ci reprend notamment le titre de la pièce : « Il faut qu'une porte soit ouverte ou fermée. » Ce proverbe se présente sous une forme impersonnelle qui marque une nécessité qui semble absolue. Cela peut sous-entendre qu'aucun entre-deux n'est possible et qu'il est nécessaire de faire des choix clairs et tranchés. Cela peut suggérer également la notion d'engagement inhérente au mariage. Or, dans la pièce, la porte vient matérialiser les moments où les personnages risquent potentiellement de se séparer, car l'ouverture de la porte se réfère au départ de l'un des deux personnages. Au contraire, lorsque la porte se referme, c'est un mouvement de repli à l'intérieur du salon réchauffé par la cheminée qui se met en place : les deux personnages retrouvent alors une forme d'intimité qui se fait ressentir de façon de plus en plus intense au fur et à mesure que la pièce se déroule. Et pour cause, les sujets de conversation deviennent de plus en plus personnels, puisqu'ils touchent petit à petit aux sentiments amoureux des personnages.

Enfin, l'ouverture de la porte pourrait également représenter l'ouverture du cœur, même s'il faut tout de même remarquer que la Marquise reste sur ses gardes jusqu'à la fin de la pièce. Certes, elle accepte la demande en mariage du Comte, mais seulement de manière indirecte et subtile, à travers la réitération de la demande de réparation de sa bague, pouvant symboliser leur union : « À ma bague il y a justement sur le chaton une petite couronne de marquise ; et comme cela peut servir de cachet… » La Marquise fait ici référence à la réalité financière et sociale du futur mariage, sans laisser paraître ses sentiments. Au contraire, le Comte dévoile son amour et ses émotions de manière beaucoup plus libérée : « Vous me comblez de joie ! … Comment vous exprimer… » La Marquise fait preuve d'une certaine froideur, car elle n'attend pas la suite de cette réplique, et coupe la parole au Comte pour lui demander de fermer la porte. Cela constitue la toute dernière réplique de la pièce, suivie d'une didascalie rappelant cette fermeture : « Le comte ferme la porte. » Le fait de clore la pièce sur ce mouvement de fermeture ramène à nouveau les personnages à leur intimité.

Le titre de cette pièce se matérialise donc dans le texte grâce à la porte du salon, mais il a aussi une portée symbolique. Cela participe au ludisme du genre du proverbe, proposant une réflexion sur une maxime que la pièce doit illustrer.

ÉTUDE DU MOUVEMENT LITTÉRAIRE

Le romantisme est un mouvement artistique qui trouve ses origines en Allemagne, pour se développer ensuite en Angleterre et en France. Ce mouvement apparaît autour de 1770 et se termine dans les années 1850. Il marque un véritable besoin de renouvellement et de régénération artistique. En effet, ce mouvement apparaît en France pendant une période historique très mouvementée : le romantisme côtoie la Révolution française, l'Empire et la Restauration. Ainsi, les artistes romantiques sont engagés socialement et politiquement : ils défendent souvent des idées libérales. Par ailleurs, ce mouvement d'avant-garde s'écarte des codes classiques ainsi que du siècle des Lumières, qui prônait l'importance de la raison. Au contraire, les romantiques laissent place à l'expression des sentiments et des passions. Jean-Jacques Rousseau est l'un des premiers à utiliser le terme « romantique » dans *Les Rêveries du promeneur solitaire*. Or, ce terme provient du mot anglais « romantic » désignant le côté émouvant, romanesque et pittoresque d'un paysage.

Aux prémisses du romantisme français, Mme de Staël et Chateaubriand publient des ouvrages qui s'éloignent de l'esthétique classique. Par la suite, Victor Hugo est considéré comme le chef de file du romantisme littéraire. Il publie un manifeste du romantisme en 1827, dans la préface de *Cromwell*. La première représentation d'*Hernani* en 1830 marque aussi le début du romantisme en France. Cette pièce provoque en effet une querelle appelée la « bataille d'Hernani », opposant les Anciens défendant les règles du théâtre classique, aux Modernes, partisans d'un théâtre renouvelant les codes. D'autres écrivains publient des manifestes romantiques, tel que Vigny, dans sa préface à sa traduction d'*Othello* de Shakespeare, publiée en 1829.

Contrairement aux écrivains néo-classiques, les romantiques ne recherchent pas leur inspiration dans l'Antiquité, mais plutôt dans l'histoire médiévale ou moderne. Ainsi, l'influence médiévale de Victor Hugo apparaît clairement dans son roman *Notre-Dame de Paris*, publié en 1831. Les artistes puisent également leur inspiration dans de nouvelles sources littéraires, et notamment d'origine anglaise. Les pièces de William Shakespeare qui sont jouées à Paris par des comédiens anglais en font partie. De même, les écrivains anglais Byron et Walter Scott appartiennent à leurs influences.

Le romantisme a pour vocation d'exprimer les sentiments et la sensibilité. La subjectivité peut ainsi se déployer, notamment à travers la poésie lyrique. Certaines thématiques dominent l'esthétique romantique, telles que l'exotisme, la rêverie, la nature et le mysticisme. Les romantiques recherchent un ailleurs, pour s'évader de leur époque décevante. Cela fait naître la thématique du « mal du siècle » qui évoque un sentiment de désenchantement et de souffrance dans l'époque tourmentée à laquelle vivent les romantiques. Dès lors, les artistes puisent notamment leur inspiration dans l'Orient et dans l'exotisme, comme le montrent par exemple les tableaux de Delacroix et de Chassériau. La nature devient également une source de réconfort accueillante pour l'écrivain, et les paysages naturels reflètent les paysages intérieurs des poètes.

Le théâtre est l'un des genres privilégiés du mouvement romantique. L'esthétique théâtrale remet en cause les codes du théâtre classique tels que la règle des trois unités et le recours à des sujets issus de l'Antiquité. Au contraire, les romantiques veulent un théâtre proche de leur temps, tout en mêlant des thèmes contraires tels que le beau et l'horrible, ou le grotesque et le sublime. Mais les romantiques s'expriment aussi à travers le genre romanesque. Ainsi, le roman autobiographique, ou simplement inspiré de l'histoire personnelle de l'écrivain, est l'une des formes adoptées par certains artistes, tel que Benjamin Constant dans son roman *Adolphe* publié en 1816. Par ailleurs, les romans historiques, prenant pour modèle ceux de l'écrivain écossais Walter Scott, constituent l'une des formes utilisées par les romantiques. Enfin, la poésie est bien évidemment l'un des genres privilégiés du romantisme, puisqu'elle permet le déploiement de la subjectivité, notamment à travers la poésie lyrique.

DANS LA MÊME COLLECTION
(par ordre alphabétique)

- **Anonyme**, *La Farce de Maître Pathelin*
- **Anouilh**, *Antigone*
- **Aragon**, *Aurélien*
- **Aragon**, *Le Paysan de Paris*
- **Austen**, *Raison et Sentiments*
- **Balzac**, *Illusions perdues*
- **Balzac**, *La Femme de trente ans*
- **Balzac**, *Le Colonel Chabert*
- **Balzac**, *Le Lys dans la vallée*
- **Balzac**, *Le Père Goriot*
- **Barbey d'Aurevilly**, *L'Ensorcelée*
- **Barbey d'Aurevilly**, *Les Diaboliques*
- **Bataille**, *Ma mère*
- **Baudelaire**, *Les Fleurs du Mal*
- **Baudelaire**, *Petits poèmes en prose*
- **Beaumarchais**, *Le Barbier de Séville*
- **Beaumarchais**, *Le Mariage de Figaro*
- **Beauvoir**, *Mémoires d'une jeune fille rangée*
- **Beckett**, *Fin de partie*
- **Brecht**, *La Noce*
- **Brecht**, *La Résistible ascension d'Arturo Ui*
- **Brecht**, *Mère Courage et ses enfants*
- **Breton**, *Nadja*
- **Brontë**, *Jane Eyre*
- **Camus**, *L'Étranger*
- **Carroll**, *Alice au pays des merveilles*
- **Céline**, *Mort à crédit*
- **Céline**, *Voyage au bout de la nuit*

- **Chateaubriand**, *Atala*
- **Chateaubriand**, *René*
- **Chrétien de Troyes**, *Perceval*
- **Cocteau**, *Les Enfants terribles*
- **Colette**, *Le Blé en herbe*
- **Corneille**, *Le Cid*
- **Crébillon fils**, *Les Égarements du cœur et de l'esprit*
- **Defoe**, *Robinson Crusoé*
- **Dickens**, *Oliver Twist*
- **Du Bellay**, *Les Regrets*
- **Dumas**, *Henri III et sa cour*
- **Duras**, *L'Amant*
- **Duras**, *La Pluie d'été*
- **Duras**, *Un barrage contre le Pacifique*
- **Flaubert**, *Bouvard et Pécuchet*
- **Flaubert**, *L'Éducation sentimentale*
- **Flaubert**, *Madame Bovary*
- **Flaubert**, *Salammbô*
- **Gary**, *La Vie devant soi*
- **Giraudoux**, *Électre*
- **Giraudoux**, *La Guerre de Troie n'aura pas lieu*
- **Gogol**, *Le Mariage*
- **Homère**, *L'Odyssée*
- **Hugo**, *Hernani*
- **Hugo**, *Les Misérables*
- **Hugo**, *Notre-Dame de Paris*
- **Huxley**, *Le Meilleur des mondes*
- **Jaccottet**, *À la lumière d'hiver*
- **James**, *Une vie à Londres*
- **Jarry**, *Ubu roi*
- **Kafka**, *La Métamorphose*
- **Kerouac**, *Sur la route*
- **Kessel**, *Le Lion*

- **La Fayette**, *La Princesse de Clèves*
- **Le Clézio**, *Mondo et autres histoires*
- **Levi**, *Si c'est un homme*
- **London**, *Croc-Blanc*
- **London**, *L'Appel de la forêt*
- **Maupassant**, *Boule de suif*
- **Maupassant**, *Le Horla*
- **Maupassant**, *Une vie*
- **Molière**, *Amphitryon*
- **Molière**, *Dom Juan*
- **Molière**, *L'Avare*
- **Molière**, *Le Malade imaginaire*
- **Molière**, *Le Tartuffe*
- **Molière**, *Les Fourberies de Scapin*
- **Musset**, *Les Caprices de Marianne*
- **Musset**, *Lorenzaccio*
- **Perec**, *La Disparition*
- **Perec**, *Les Choses*
- **Perrault**, *Contes*
- **Prévert**, *Paroles*
- **Prévost**, *Manon Lescaut*
- **Proust**, *À l'ombre des jeunes filles en fleurs*
- **Proust**, *Albertine disparue*
- **Proust**, *Du côté de chez Swann*
- **Proust**, *Le Côté de Guermantes*
- **Proust**, *Le Temps retrouvé*
- **Proust**, *Sodome et Gomorrhe*
- **Proust**, *Un amour de Swann*
- **Queneau**, *Exercices de style*
- **Quignard**, *Tous les matins du monde*
- **Rabelais**, *Gargantua*
- **Rabelais**, *Pantagruel*
- **Racine**, *Andromaque*

- **Racine**, *Bérénice*
- **Racine**, *Britannicus*
- **Racine**, *Phèdre*
- **Renard**, *Poil de carotte*
- **Rimbaud**, *Une saison en enfer*
- **Sagan**, *Bonjour tristesse*
- **Saint-Exupéry**, *Le Petit Prince*
- **Sarraute**, *Enfance*
- **Sarraute**, *Tropismes*
- **Sartre**, *Huis clos*
- **Sartre**, *La Nausée*
- **Senghor**, *La Belle histoire de Leuk-le-lièvre*
- **Shakespeare**, *Roméo et Juliette*
- **Steinbeck**, *Les Raisins de la colère*
- **Stendhal**, *La Chartreuse de Parme*
- **Stendhal**, *Le Rouge et le Noir*
- **Verlaine**, *Romances sans paroles*
- **Verne**, *Une ville flottante*
- **Verne**, *Voyage au centre de la Terre*
- **Vian**, *J'irai cracher sur vos tombes*
- **Vian**, *L'Arrache-cœur*
- **Vian**, *L'Écume des jours*
- **Voltaire**, *Candide*
- **Voltaire**, *Micromégas*
- **Zola**, *Au Bonheur des Dames*
- **Zola**, *Germinal*
- **Zola**, *L'Argent*
- **Zola**, *L'Assommoir*
- **Zola**, *La Bête humaine*
- **Zola**, *Nana*
- **Zola**, *Pot-Bouille*